Elisabete da Cruz

EU LEITOR, EU AUTOR

Ilustrações:
Simone Ziasch

Dados Internacionais de Catalogação na Publicação (CIP) de acordo com ISBD

C957e   Cruz, Elisabete da

Eu leitor, eu autor/ Elisabete da Cruz; ilustrado por Simone
Ziasch - Jandira, SP : Ciranda Cultural 2020.
32 p. : il. ; 24cm x 24cm.

ISBN: 978-65-5500-102-0

1. Literatura infantil. I. Ziasch, Simone. II. Título.

CDD 028.5
CDU 82-93

2020-457

Elaborado por Vagner Rodolfo da Silva - CRB - 8/9410

Índice para catálogo sistemático:
1. Literatura infantil   028.5
2. Literatura infantil   82-93

Este livro foi impresso em fonte Tropen em dezembro de 2021.

Ciranda na Escola é um selo da Ciranda Cultural.

© 2020 Ciranda Cultural Editora e Distribuidora Ltda.
Texto: © Elisabete da Cruz
Ilustrações: © Simone Ziasch
Projeto gráfico e diagramação: Ana Dobón
Produção: Ciranda Cultural

1ª Edição em 2020
3ª Impressão em 2021
www.cirandacultural.com.br
Todos os direitos reservados. Nenhuma parte desta publicação pode ser reproduzida, arquivada em sistema de
busca ou transmitida por qualquer meio, seja ele eletrônico, fotocópia, gravação ou outros, sem prévia autorização
do detentor dos direitos, e não pode circular encadernada ou encapada de maneira distinta daquela em que foi
publicada, ou sem que as mesmas condições sejam impostas aos compradores subsequentes.

Ao amigo Marcel Cleante, que desde sempre acredita em minhas histórias.

Gosto muito de histórias. Quanto mais as leio, mais observo a maneira como são escritas. Umas começam pelo fim, outras pelo começo. Não existe regra.

Os personagens podem ter a idade que você quiser. Podem ser crianças, jovens, adultos ou idosos.

Podem ter cabelos lisos ou encaracolados, curtos ou compridos, pretos ou brancos, coloridos ou, por que não, sem cabelo algum.

Cada personagem pode vir do país que você quiser. E suas brincadeiras, roupas e costumes, podem ser totalmente diferentes.

Podem ser pessoas comuns ou se tornarem super-heróis de um minuto para o outro.

Toda história tem começo, meio e fim.
Às vezes, são finais felizes, outras,
nem tanto.

Deixe-me ver o que mais tem em uma história...
Ah, tem também o lugar onde ela acontece!

Pode ser no campo, na cidade, na praia ou no fundo do mar.

Pode ser em um vale, no alto de uma montanha cheia de neve ou até em outro planeta habitado por extraterrestres. Pode ser em uma casa, uma cabana, um casebre ou em um prédio de apartamentos.

As aventuras de uma história mostram sua personalidade, e sempre são seguidas de uma ação, como salvar o planeta, construir uma casa na árvore ou até viajar o mundo de bicicleta!

Quase toda história tem um animal. Um gato manhoso, um cachorro esperto, às vezes um porco cor-de-rosa, um urso peludo, um ouriço espinhudo, uma tartaruga ou um passarinho chamado Flip ou com outro nome delicado como seu canto.

E tem o tempo em que as histórias acontecem.
Hoje, ontem, muito ontem, lá na frente...

Já ia me esquecendo!

Tem também
o tempo de tempo
mesmo: frio, calor,
chuva ou neve.

Não dá para esquecer dos autores, as pessoas mágicas que criam as histórias, que as colocam em um papel, um computador, uma máquina de escrever, em uma lousa ou um desenho.

Esta é a magia! Cada história de um jeito. Grande ou pequena, real ou fruto da imaginação...

E sabe o que é mais incrível?

É que você pode criar suas próprias aventuras!

Não precisa ter vergonha ou medo do que vão achar, porque não existe história errada.

Então, solte a imaginação! Depois de pronta, mostre sua história para quem quiser ou guarde-a bem guardadinha em um lugar especial. Afinal, ela é sua.

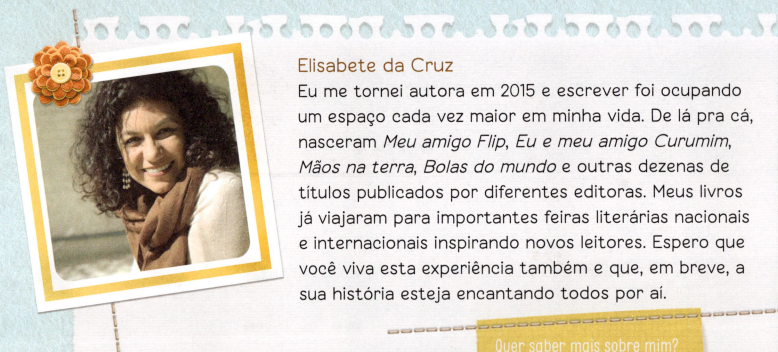

Elisabete da Cruz

Eu me tornei autora em 2015 e escrever foi ocupando um espaço cada vez maior em minha vida. De lá pra cá, nasceram *Meu amigo Flip*, *Eu e meu amigo Curumim*, *Mãos na terra*, *Bolas do mundo* e outras dezenas de títulos publicados por diferentes editoras. Meus livros já viajaram para importantes feiras literárias nacionais e internacionais inspirando novos leitores. Espero que você viva esta experiência também e que, em breve, a sua história esteja encantando todos por aí.

Quer saber mais sobre mim?
www.ecruz.com.br
@elisabete.cruz

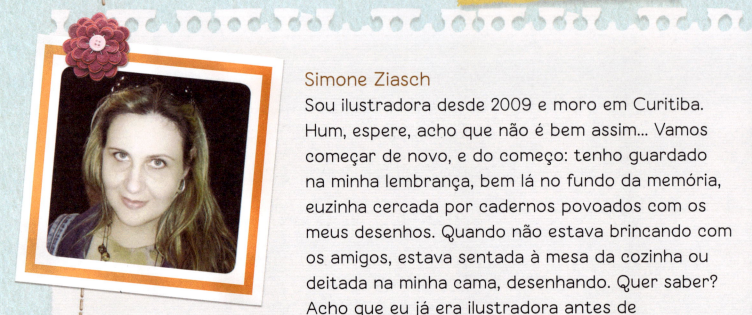

Simone Ziasch

Sou ilustradora desde 2009 e moro em Curitiba. Hum, espere, acho que não é bem assim... Vamos começar de novo, e do começo: tenho guardado na minha lembrança, bem lá no fundo da memória, euzinha cercada por cadernos povoados com os meus desenhos. Quando não estava brincando com os amigos, estava sentada à mesa da cozinha ou deitada na minha cama, desenhando. Quer saber? Acho que eu já era ilustradora antes de ser ilustradora.